MÉMOIRE

D'UN

PRÉDICATEUR

SAINT-SIMONIEN.

Extrait de la Revue Encyclopédique. — 1832.

PARIS.

AU BUREAU DE LA REVUE ENCYCLOPÉDIQUE,
rue des Saints-Pères, N° 26.

PAULIN, PLACE DE LA BOURSE.

1832.

MÉMOIRES

D'UN

PRÉDICATEUR SAINT-SIMONIEN.

MÉMOIRES

D'UN PRÉDICATEUR

SAINT-SIMONIEN.

Cette esquisse d'un ouvrage inachevé a été publiée dans l'un des derniers numéros
de la Revue encyclopédique,
recueil dirigé par MM. H. Carnot et P. Leroux.

La Revue encyclopédique paraît tous les quinze jours, le 1er et le 15 de chaque
mois. Prix de l'abonnement, pour un an à Paris, 46 fr.; dans les départemens, 53 fr.

PARIS.

AU BUREAU DE LA REVUE ENCYCLOPÉDIQUE,

RUE DES SAINTS-PÈRES, Nº 26;

PAULIN, PLACE DE LA BOURSE.

1832.

PRÉFACE.

Ce matin, j'ai rangé soigneusement ma bibliothèque, j'ai relu d'anciennes lettres et remué long-tems quelques joyaux au fond d'un coffret noir que ma mère m'a donné. Il y a plus d'un an qu'il ne m'était arrivé de m'enfermer ainsi pour faire lentement un délicieux inventaire de mes souvenirs.

Mon Dieu ! que s'est-il donc passé en moi depuis un an ? quelle étrange influence bonne ou mauvaise m'a rendu tant de jours infidèle à toutes ces choses qui m'entourent et que j'aime. J'avais oublié jusqu'à mes vieilles estampes, dont les mille figures mouvantes m'appellent avec des signes mystérieux, jusqu'à ce joli buste d'enfant qui me sourit toujours à mon réveil.

Quand je regarde en arrière à travers mes douze derniers mois, il me semble vraiment que je parcours un pays inconnu où mes pensées se perdent une à une, vagues et indistinctes. A peine ma mémoire reluit çà et là à de rares intervalles. Je suis comme au premier instant du retour d'un rapide voyage, alors qu'as-

sailli par mille impressions confuses, on ne peut d'abord se sou-
venir que de quelques monumens élevés, de groupes bizarres
de passans sur les routes, ou de perspectives fortement contras-
tées dans la plaine.

Qui voudra me croire si j'essaie de raconter des scènes de ma
vie en 1831? Ne soupçonnera-t-on pas que je m'éveille en sur-
saut après une de mes rêveries ordinaires, ou que je viens de
fermer un volume de ces fantaisies qu'un infortuné conseiller
d'Allemagne a mises à la mode?

CHAPITRE PREMIER.

Un enseignement saint-simonien.

Je me rappelle parfaitement le moment où je commençai à
sortir « du monde réel, » pour me servir de l'expression des
hommes positifs. Il était nuit ; seul dans ma chambre, depuis plus
d'une heure j'entendais au-dessus de ma tête un murmure de
paroles, un bruit tumultueux de pas. Je m'étais attristé à penser
à la mort récente du plus cher de mes amis d'enfance, au mariage
prochain de la plus aimable des jeunes filles que je connaissais,
à un mauvais drame refusé, à une plaidoirie d'assises, que sais-
je encore ? Distrait, je m'habillai à la hâte, et montant l'escalier,
j'entrai en même tems que plusieurs personnes dans une grande
salle consacrée à des assemblées publiques. Il y avait une réunion nombreuse. L'atmosphère était étouffante. Assis devant une
table au milieu d'un rang de jeunes gens, deux hommes de moyen
âge attiraient tous les regards. Leur attitude et leur physionomie
révélaient une grande puissance de volonté, de même que leur

stature témoignait d'une force physique remarquable. L'un d'eux parlait : les mots s'échappaient lentement de ses lèvres ; il tournait entre ses doigts une tabatière d'un bois commun ; et sa tête presque constamment immobile se rejetait seulement de tems à autre en arrière par secousses imperceptibles : il ne levait les yeux que lorsqu'il voulait faire sentir quelqu'une de ses expressions plus vivement que les autres.

— Comment nommez-vous celui qui parle ? me hasardai-je à demander tout bas à mon voisin.

—Bazard, me répondit-on.

— Et celui-là ? ajoutai-je, en indiquant le second personnage qui, d'un air singulier de majesté, promenait des regards caressans sur l'auditoire.

— Enfantin.

Ces noms m'étaient entièrement inconnus. Je regardai autour de moi et je reconnus les traits d'un ancien carbonaro, de quelques écrivains d'une conviction politique incertaine, et au fond de l'embrasure d'une fenêtre, d'un petit abbé moliniste. Du moins, malgré les mouvemens de trouble et de surprise que j'éprouvai plusieurs fois pendant le cours de la soirée, je ne crois pas avoir été trompé par de fausses ressemblances. Je me disposai ensuite à écouter attentivement, m'efforçant de deviner dans quelle sorte d'assemblée le hasard m'avait conduit. Était-ce un club, une congrégation ou un comité philantropique ? Rien ne pouvait encore me l'indiquer : l'orateur traitait tour à tour les questions les plus générales de la religion , de la politique et de la philosophie , de l'industrie , de la science et des beaux-arts.

Souvent le petit abbé souriait gravement en signe d'approbation, et alors le carbonaro haussait les épaules. A d'autres passages c'était le contraire : quelquefois les assistans exprimaient tous un même assentiment ou une même réprobation. Mon étonnement et ma perplexité redoublaient à chaque phrase. Et cependant il arrivait que la plupart des hardis principes , en apparence contradictoires, qu'on exposait devant moi , me.semblaient des souvenirs de méditation que je n'avais jamais osé raconter à personne, ou des axiomes d'une si grande simplicité et d'une si complète évidence, que je me reprochais de ne pas les avoir moi-même découverts. .

On leva la séance ; et sur-le-champ de toutes parts les voix, rompant le silence , se croisèrent dans de sérieuses controverses. Quelques vives interpellations me dévoilèrent alors en partie le but de ces réunions, que je n'ai compris entièrement que beaucoup plus tard. Mais, sentant ma tête lourde, je me levai et me frayai un passage pour sortir. Bientôt une fatigue inouïe me ferma les yeux au milieu de l'éblouissement de mille pensées nouvelles qui me poursuivirent dans mon sommeil.

Singulier rêve ! m'écriai-je le lendemain matin. Il me fallut plusieurs minutes de réflexion pour dissiper cette erreur.

Il m'est impossible d'expliquer la nature de l'attrait austère qui me força de suivre toutes les autres leçons de M. Bazard avec une scrupuleuse exactitude ; cela devint insensiblement pour moi une habitude et un besoin. Ses enseignemens sur l'histoire humaine et sur l'avenir des sociétés m'étaient une sorte de grave consolation, qui croissait et s'étendait chaque jour dans le vide aride qu'avaient fait autour de moi un long désenchantement de toutes choses et une paresseuse mélancolie.

Mes parens et mes amis ne tardèrent pas à remarquer les premiers effets de ma métamorphose; mais ils s'arrêtaient à considérer mon air plus libre et plus joyeux, ma pâleur moins sombre, mes réponses plus vives et moins douloureuses. Lorsque dans un instant d'exaltation je parlais avec chaleur du bonheur qu'on devait sentir à se jeter dans la mêlée des opinions individuelles pour les rallier, à sauver le dévouement des étreintes épuisantes de l'égoïsme, à dominer par un travail noble et digne une mesquine profession, à élargir dans de grandes et généreuses affections des passions étroites et languissantes de jeune homme, et à marcher toute sa vie vers un but chéri, glorieux, en épandant avec joie sur ses pas les trésors d'un cœur pur et plein d'ardeur; autour de moi l'on souriait, et tandis que quelques personnes cherchaient à me comprendre, les autres se disaient à demi-voix :

— Madame, voyez donc comme il s'anime.

— Vraiment il est beaucoup mieux.

— Il n'est plus triste comme autrefois.

— Oh! il a bien changé à son avantage.

Je ne sais pas à quel événement secret leur pénétration attribuait la révolution qui s'opérait dans tout mon être; j'en ignorais moi-même la cause. Je m'étais abandonné sans projet à mon admiration du bel avenir que je commençais à entrevoir.

Un jour, dans une discussion, un jeune député venant à confondre avec le principe de l'abolition progressive des priviléges de naissance l'utopie de la communauté des biens, involontairement je m'écriai : « Mais *nous* ne disons pas cela. » Au même instant le fils d'un général de la république me prit la main et m'attira dans une autre partie de la salle ; nous cûmes ensemble une longue conversation. Depuis ce moment, quand on m'interrogeait sur mes opinions philosophiques ou politiques, je répondais : Je suis saint-simonien.

CHAPITRE II.

*Hôtel saint-simonien, rue Monsigny, n° 6. — Je deviens rédacteur du Globe.
— Division de travaux. — Repas. — Soirées.*

« Je viens vous enlever, me dit un jour en entrant chez moi
Gustave d'Eichthal ; jusqu'ici vous n'avez fait qu'approuver notre
doctrine, il est tems d'agir : si vous croyez à la vérité de nos enseignemens, prouvez-le par des œuvres. Laissez là vos occupations
ordinaires qui vous glacent et émoussent toutes vos facultés. Avec
votre foi, vous ne pouvez plus être heureux désormais qu'avec
ceux qui partagent toutes vos sympathies, et qui ont résolu de
vouer leur vie entière à les répandre dans le monde. »

Ces paroles étaient prononcées avec l'autorité que donne la
conviction, par un jeune homme plus mathématicien que poète,
et qui depuis a sacrifié loyalement une partie de sa fortune à la
propagation des idées saint-simoniennes. En les entendant,
je me sentais honteux de mon inutilité, et les doutes confus qui

m'agitaient malgré moi me répugnaient comme de lâches conseils d'égoïsme. Je demandai un seul jour pour réfléchir. Le lendemain, ému et sans avoir pris aucune décision, j'allai à la rue Monsigny.

On avait employé les premières sommes d'argent qu'on avait pu réunir à louer des appartemens dans l'ancien hôtel de Gèvres, dont une partie est jetée comme un pont sur le passage Choiseul.

C'était un spectacle inouï de voir le mouvement silencieux et la joie sérieuse qui régnaient dans ces salles encore brillantes des restes d'une ancienne splendeur, mais alors à peine éclairées par quelques pâles bougies et dépouillées de leurs riches tentures. Trente ou quarante jeunes gens, ingénieurs, médecins, avocats, artistes, les traversaient en tous sens, se serrant les mains, et s'embrassant avec un véritable attendrissement. Les uns avaient fait transporter leurs livres, les autres leurs meubles; chacun offrait ce qu'il possédait, et murmurait sans douleur un adieu à ses travaux, à ses plaisirs, à ses espérances d'autrefois, aux souvenirs et aux conseils de sa vie passée.

On eût dit la fondation d'une colonie.

La plupart prophétisaient les rapides triomphes de la religion nouvelle; discours singuliers qui n'étonnaient personne :

« Cette bibliothèque est bien pauvre !

— Eh! ce sont les premiers rayons de la bibliothèque universelle. »

« Ces chambres seront bientôt trop petites.

— Avant six mois nous aurons un palais et un temple. »

Un ordre, une hiérarchie commençaient à s'établir. Les plus anciens disciples se réunissaient entre eux à certaines heures et formaient le premier degré ou le collége; il y avait un second et un troisième degré : depuis on a constitué un degré d'initiation, et au-dessous encore un degré préparatoire divisé en deux sections, celle des ouvriers et celle des bourgeois. Les membres de chaque degré inférieur donnaient aux membres des degrés supérieurs le nom de Pères. Aux divers rangs furent successivement introduites des dames, des demoiselles, qui recevaient les noms de mères, de sœurs et de filles.

Les travaux les plus importans étaient les enseignemens, la conversion individuelle, la correspondance, la rédaction d'articles, la conservation de la bibliothèque et les soins intérieurs d'administration.

« Prenez-moi, dis-je à l'un des chefs, indiquez-moi une fonction, je suis à vous. »

On m'envoya vers Michel Chevalier, le directeur du *Globe*. Pendant trois mois, depuis neuf heures du matin jusqu'à deux heures après minuit, je travaillai assiduement, découpant, réduisant les nouvelles d'Europe, alors si mystérieuses, les discussions des chambres, alors si étonnantes, recevant pendant le jour les solliciteurs de recommandations et d'annonces, et pendant la nuit couvrant de signes bizarres des marges d'épreuves dans le cabinet de l'imprimeur, à la lueur rouge d'une lampe, à l'odeur lourde qui s'exhalait des presses. Sans la foi, c'eût été un rude et ennuyeux travail.

Notre nombre augmentait chaque jour. Les divisions, l'impuissance du libéralisme depuis juillet, et la misère croissante des classes pauvres nous exaltaient de plus en plus. Le ridicule même dont on nous couvrait, et qui s'attachait indistinctement aux principes du système le plus incontestablement vrais et utiles, ne faisait que redoubler notre enthousiasme. Froissés par l'irritation aveugle ou le dédain ignorant qui nous accueillait partout, indifférens aux questions de circonstance étrangères à l'œuvre que nous accomplissions, nous nous étions promptement habitués à ne trouver de satisfaction pure que dans la maison commune: et nos occupations multipliées empêchant qu'on pût se parler beaucoup dans le jour, c'était toujours avec un vif sentiment de plaisir qu'on se rencontrait aux momens des repas. On déjeunait à dix heures; on dînait à six heures.

Il est impossible d'imaginer ce qu'il y avait pour nous de charme alors à entendre parler des personnes qui commençaient à se convertir, à entendre citer des fragmens de lettres favorables, ou raconter les propos extravagans répandus sur nous dans le monde. On lisait les attaques des journaux, les plaisanteries de *Figaro*, et l'on riait de bon cœur quand elles étaient spirituelles.

Les deux chefs, Bazard et Enfantin, étaient placés en face l'un de l'autre.

Enfantin servait; il s'inquiétait avec une admirable sollicitude de chacun de nous, et nous interrogeait tour à tour sur mille détail.

Bazard dirigeait ordinairement la conversation sur le mouvement politique extérieur, présageant les intentions des ministres ou les scandales de la chambre des députés. Plus d'un bon mot prononcé par lui à table devenait le texte de longs articles ou de longs discours.

Le dimanche et le jeudi, les dîners étaient moins familiers ; on y invitait les personnes qui paraissaient s'intéresser aux succès de la doctrine. Souvent on y voyait des artistes de renom, des étrangers, des officiers d'artillerie et du génie, et des journalistes de province. Après ces dîners d'apparat il y avait des soirées : celles du jeudi étaient les plus nombreuses et les plus brillantes. Aucun bal, aucune réunion littéraire ou diplomatique ne peut donner une juste idée de ces assemblées ; jamais on ne jouait ; on dansait rarement ; quelquefois on valsait.

Çà et là des groupes se promenaient dans les salles, ou s'arrêtaient devant les canapés. De tems à autre une voix se faisait entendre au piano ; tous les entretiens cessaient, on se pressait en demi-cercle au salon, et on savait bien trouver d'autres moyens que des applaudissemens pour exprimer ce qu'on éprouvait. Parfois les deux chefs se retiraient dans une chambre voisine avec quelque nouvel adepte.

Confiantes dans la préoccupation sérieuse qui dominait toutes les conversations, les dames se mêlaient aux promeneurs, prenaient part avec aisance à leurs débats, brisant les abstractions par des saillies naïves, et traduisant en causeries les dissertations animées sur les souffrances et les discordes actuelles de l'humanité, sur ses joies, ses harmonies de l'avenir ; car ces sujets seuls, sous mille formes, occupaient les esprits. Il semblait qu'on était transporté au belvédère élevé d'un phare : le bruit du monde ne parvenait point jusque là.

D'ailleurs, il était difficile qu'aucune personne indifférente ou hostile s'y introduisît ou bien y revînt plusieurs fois, car on y parlait une langue toute neuve, et il n'existait pour l'apprendre ni grammaire, ni dictionnaire. On ne la pouvait connaître parfaitement qu'après avoir assisté long-tems aux séances, et après de fréquentes entrevues avec l'un de nous. Or jamais un homme de bonne foi ne subissait de telles épreuves sans estimer au moins les saint-simoniens.

Dans ces derniers tems, lorsque j'eus rendu quelques services et fait preuve d'un entier dévoûment, ce m'était une singulière situation de voir qu'on s'empressait autour de moi, que de jeunes femmes avec leurs époux, de jeunes filles amenées par leurs frères, me consultaient affectueusement et me demandaient de leur donner de l'espoir et du courage. Il y avait des jeunes gens au visage rose et sans barbe encore qu'on appelait *pères*, et des hommes d'un âge mûr, des vieillards, qu'on appelait *fils*.

Tout ce que je viens de dire se passait en 1831.

CHAPITRE III.

Réflexions.

Beaucoup de personnes ont ri de mon illusion et m'ont pris en pitié. Pourquoi donc? J'étais profondément convaincu que je travaillais à l'œuvre la plus grande et la plus belle du monde. Mes journées étaient actives, animées. Dans cette atmosphère de dévoûment, une chaleur d'ame, douce comme le « merci » du pauvre m'enivrait sans cesse. J'aimais tous ceux qui m'entouraient et ils m'aimaient aussi. Oh! qu'à chacune des années qui me restent Dieu attache une illusion semblable! Ne suis-je pas encore prêt à donner ma vie, même au prix de moins de bonheur, à qui me persuadera qu'il peut la rendre utile?

CHAPITRE IV.

Salle Taitbout. — Je suis prédicateur.

Chaque dimanche, à midi, dans la salle de la rue Taitbout, sous un toit de verre, une foule nombreuse emplissait trois étages de loges, et couvrait les banquettes rouges d'un amphithéâtre. Trois rangs de jeunes gens vêtus de bleus, où se mêlaient quelques dames en robes blanches avec des écharpes violettes, venaient tour à tour se placer sur une estrade en face du public. Un moment arrivait où ces trois rangs se levaient à la fois ; c'est que les deux pères suprêmes entraient, conduisant le prédicateur ; et quelquefois le prédicateur c'était moi, car en sortant du bureau de rédaction du *Globe*, je m'étais élevé de grade en grade dans les enseignemens de Paris et de Versailles.

Je restais cinq minutes assis derrière la tribune entre Bazard et Enfantin. Pendant ce tems, l'assemblée achevait à la hâte ses

dialogues, prenait son équilibre, s'asseyait et apaisait son tu-
multe. De mon côté je parcourais tous les visages , je voyais des
sourires sardoniques à faire frémir un accusé devant un jury ;
j'apercevais d'anciens amis qui me reconnaissaient et me regar-
daient d'un air effaré, de jeunes dames qu'autrefois dans les bals
j'avais pu entretenir de singulières folies, ou des habitués de nos
séances, que le matin , au milieu des tortures de l'attente , j'a-
vais rencontrés, et à qui mon œil désespéré avait dit : Vous
êtes bienheureux de vous promener ainsi , d'aller lentement sans
souci le long du chemin ; dans quelques heures vous viendrez
tranquillement m'écouter, et moi je crains, je souffre à vous pré-
parer une heure d'émotions peut-être infécondes.

On me donnait un signal, et j'approchais de la tribune, chan-
mlant, les genoux brisés, les yeux à demi morts, le corps vide de
ceon sang, qui refluait et me bouillonnait au cœur. D'abord,
des paroles vagues et plaintives s'échappaient sourdement de
ma poitrine écrasée : mes lèvres étaient de plomb.

Bientôt je pouvais m'entendre parler, je redevenais peu à peu
mon maître, je me sentais emporté dans un courant de pensées ,
et je prenais courage. Je suivais mes souvenirs, passant avec
calme et confiance de l'un à l'autre, et m'entourant hardiment de
leur seule influence. Si j'invoquais la pitié pour les misères du
peuple, j'avais réellement froid, j'avais faim. Si je plaignais les
douleurs de l'homme isolé, trahi, je retrouvais autour de moi l'ancienne solitude de ma chambre d'étudiant, ou devant moi des traits
dédaigneux repoussant mes prières. J'étais heureux, car je vi-

vais corps et ame plus qu'il ne m'avait été donné de vivre en aucun autre instant de mon existence : mon être entier se répandait et flottait dans l'enceinte : toutes mes impressions de tendresse, de douleur, de regret ou d'espérance s'élançaient avec moi en jets brûlans : je planais sous un ciel mystérieux, soulevé par mes émotions les plus vives comme par de puissantes ailes.

Parfois, il est vrai, entraîné hors du plan que je m'étais tracé, ma mémoire s'égarait : les mouvemens qu'en silence j'avais arrangés avec art s'effaçaient sous mon front : mes paroles de transition tombaient en anneaux brisés. Je pressentais que j'allais être obligé de m'arrêter ; je fléchissais, j'enfonçais en terre, et toutes les figures, grandissant devant moi, devenaient plus distinctes, plus lumineuses, plus menaçantes, ainsi que d'effrayantes apparitions de fantasmagorie.

Je ne saurais concevoir de telles sensations de terreur qu'au nageur qui, sentant ses forces épuisées, du pied cherche au fond vainement le sable, et voit monter la vague, ou bien au malheureux aéronaute qui vient d'avoir les cordes de sa nacelle rompues par le vent, et, éperdu, regarde dessous lui grossir les rochers, les forêts, les tours armées des villes.

Cependant jamais il ne m'est arrivé de m'interrompre et de demeurer muet. Seul j'avais conscience de mon épouvante. Ma bouche parlait, mes bras frappaient l'air, les muscles de mon visage se contractaient ; intérieurement mon esprit courait en arrière pour trouver dans ce labyrinthe d'idées le fil que j'avais perdu, courait en avant pour découvrir des traces de pensée nou-

velle, une route à suivre, s'agitait en tous sens, tressaillait désespéré et se lançait avec rage, tandis que j'épiais l'auditoire
pour y découvrir si l'on soupçonnait mon inquiétude, tandis
que mes oreilles recueillaient le moindre murmure, le moindre
souffle. Cet horrible tourment ne cessait qu'au moment où tous
ces êtres divers, parties séparées de mon être venant à se ren-
contrer tout à coup et à se ressaisir, une commotion violente
m'emportait, me brûlait; je m'écriais d'une voix tonnante, et
quelquefois un fracas que me renvoyait l'assemblée me rendait à
moi-même, me permettait de prendre un instant de repos et de
me recueillir.

Je me rappelle ces prédications, comme on se rappelle peut-être
une bataille ou une course au clocher. Auprès de ces souvenirs
viennent aussi ceux plus simples du Prado et de l'Athénée, où
sans trouble, sans apprêts, j'étais tout entier au désir de faire
luire à travers les attaques, les murmures, les cris, les sifflets ou
les bravos d'auditoires orageux, des vérités que j'aimais et que
j'aime encore, n'ayant enseigné que ce qui s'était pris à ma conviction, sans plus de peine qu'en mon enfance les vertueuses leçons de mon père et de ma mère.

CHAPITRE V.

Retour d'une mission saint-simonienne. — Anarchie et division.

Assoupi et rêveur dans une diligence des messageries royales, sur la route d'Orléans à Paris, je revenais d'une mission dans la Bretagne, dans l'Aunis et la Saintonge. J'avais prêché dans des salles de bal, de spectacle, de jeu de paume, à Brest, à Lorient, à Nantes, à Rochefort. J'avais fait œuvre d'apôtre dans les voitures, dans les hôtels, dans les cafés, sur les vaisseaux ; j'avais discuté avec les journalistes et les savans de province, avec les maires et avec les commissaires. Plusieurs fois je m'étais trouvé au moment de manquer d'argent ainsi que mon compagnon, excellent jeune homme, et nous nous étions vus exposés à tous les soupçons, à tous les outrages. La relation de mes aventures se déroulait sous mes yeux tandis que j'approchais de Paris ; je comptais un à un les partisans que nous nous étions faits dans chaque ville ; je pensais à Émile Souvestre, ami précieux que j'ai conquis à Nantes, puis je me disais :

« Dans quelques instans, je serai au sein de ma grande famille, que depuis deux mois je n'ai pas vue. Avec quelle joie ils vont me serrer dans leurs bras, avec quels transports ils m'écouteront raconter mes fatigues et mes victoires. Demain je reprendrai ma place accoutumée et mes anciennes occupations. »

Je tremblais d'impatience : quelques heures après, oh mon Dieu ! j'étais entré dans la maison commune. Tous ceux que je rencontrais m'embrassaient avec une froide surprise et passaient à la hâte. Je me fis introduire dans un salon ; une partie du collége y était assemblée : toutes les figures portaient les traces de longues insomnies ; les yeux étaient plombés, les lèvres pâles, les cheveux en désordre ; il y avait des traits décomposés, des regards extatiques, des sons creux et lugubres. Dans de certains momens, toutes les voix s'élevaient ensemble, se mêlaient, grandissaient confuses et aigres comme les clameurs d'une émeute ; ensuite elles s'abaissaient, s'apaisaient et tombaient comme sous un coup de vent. Ce que j'entendais me donnait des vertiges ; on parlait de l'un des chefs et d'un grand nombre de ceux que j'étais habitué à aimer, à consulter, ainsi qu'on aurait parlé de personnes mortes ; et cependant à considérer toutes ces tristesses ensemble, elles semblaient exprimer la joie ; à entendre toutes ces voix ensemble, sans chercher à les distinguer les unes des autres, il en sortait une sorte de murmure fantastique, sonore comme un chant de triomphe éloigné, qui me faisait éprouver un frémissement cruel :

« La doctrine secrète ! la doctrine secrète ! elle sourdissait, et elle creusait sa pente, petite, petite, cachée. La voilà ! la voilà ! Le père Enfantin l'a fait jaillir pour désaltérer nos lèvres. Fuyez ! fuyez loin d'ici, docteurs, philosophes, républicains ; loin d'ici, hommes du devoir ancien, hommes de la vieille morale ; nous appellerons la femme libre qui nous dira une morale nouvelle. »

Et plus bas résonnaient aussi ces accens timides et entre-coupés :

« Nous t'invoquons, nous t'implorons, nous t'attendons, type vivant de la morale nouvelle, reine d'Orient et d'Occident, de Rome païenne et de Rome chrétienne, divine Androgyne, où es-tu, couple souverain des mobiles et des immobiles, des amans du divorce et des amans de la fidélité ? »

Oh ! que disent-ils ? et la sueur me découlait du front. A la folie ! ils jettent des pierres à l'horizon ; veulent-ils donc murer l'avenir ?

Mais d'un autre endroit de la salle, un autre murmure répondait :

« Laissons la doctrine secrète. A l'émancipation des classes pauvres, à la vraie liberté ! Que chacun n'ait de part au repos, à la richesse, que suivant son travail , sa vertu ! Paix à la famille ! que la sainte individualité se lève ! que l'autorité soit franche, simple de cœur, sincère. Allons, allons, pas de couvens, pas de remparts entre nous et le monde. Ne relevons pas les débris des trônes et des chaires antiques. Memphis et Venise, gardez en vos tombeaux vos ossemens et vos mystères. »

Je suppliai, je m'emportai pendant un mois, un mois d'affreuses douleurs après une année de bonheur et d'exaltation.

Dès le 21 novembre, j'ai cessé de prendre part aux prédications, aux enseignemens, à la rédaction du *Globe*, je me suis éloigné de toute hiérarchie saint-simonienne.

CONCLUSION.

Oui, je sais qu'un jour, devant moi, quelques voiles brillans se sont détachés. J'ai été effrayé, les voyant tomber ainsi, car d'abord j'ai cru follement que c'était l'azur même du ciel qui se déchirait.

A cette heure même, je ressens encore au cœur les traces d'un serrement douloureux ; mais, malgré mon isolement et ma faiblesse, je suis calme et confiant.

Si ce vent impétueux, qui disperse et chasse en avant tous les enfans du siècle, a enlevé en lambeaux la tente où j'avais espéré vivre toujours, au moins il n'a pu refroidir dans mon sein les pensées généreuses que des mains amies y ont déposées. Elles germeront en moi et autour de moi. Hommes du dix-neuvième siècle, mes frères, je n'oublierai pas que nous assistons à une nouvelle origine de la société qui incessamment renaît pour mourir et meurt pour renaître encore. Notre génération aura peu de chose à détruire, parce que tout est ruine derrière elle, et aussi à édifier peu de chose, parce que devant elle tout est à fonder ; sa mission est de se jeter au large à son tour dans une recherche consciencieuse d'une solution assurément prochaine de ces grands problèmes : Dieu et l'humanité.

Maintenant venez, mes vieilles rêveries de famille et de patrie, et ne repoussez pas les nouvelles compagnes que vous donne mon retour : ce ne sont pas des ennemies, quoiqu'elles soient plus que vous ambitieuses et fières.

Édouard CHARTON.

2 janvier 1832.

Imprimerie d'Éverat, rue du Cadran, n° 16.